Salvar la cultura en una catástrofe

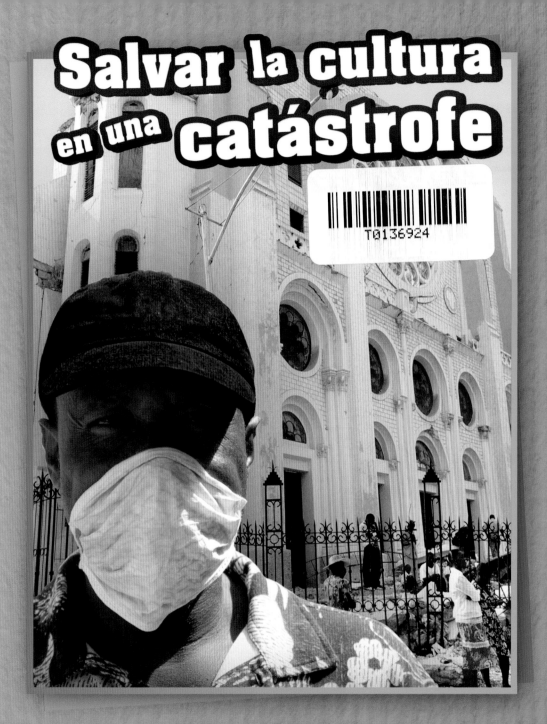

T0136924

Elise Wallace

✳ Smithsonian

Autora contribuyente

Allison Duarte, M.A.

Asesoras

Tamieka Grizzle, Ed.D.
Instructora de laboratorio de CTIM de K–5
Escuela primaria Harmony Leland

Corine Wegener
Directora de preservación del patrimonio cultural
Smithsonian

Créditos de publicación

Rachelle Cracchiolo, M.S.Ed., *Editora comercial*
Conni Medina, M.A.Ed., *Redactora jefa*
Diana Kenney, M.A.Ed., NBCT, *Directora de contenido*
Véronique Bos, *Directora creativa*
Robin Erickson, *Directora de arte*
Seth Rogers, *Editor*
Caroline Gasca, M.S.Ed., *Editora superior*
Mindy Duits, *Diseñadora gráfica superior*
Walter Mladina, *Investigador de fotografía*
Smithsonian Science Education Center

Créditos de imágenes: portada y pág.1 Claudiad/iStock; págs.2–3 Arindam Banerjee/Shutterstock; pág.4, pág.5 (todas), págs.8–9, pág.11 (todas), pág.12, pág.13 (superior), pág.15, pág.16 (izquierda), pág.16 (inferior, derecha), pág.17 © Smithsonian; págs.6–7 1001 Nights/iStock; pág.16 (derecha) Imagist/Shutterstock; pág.19 (izquierda) Jimmy Kets/Reporters/Science Source; pág.20, pág.23 (superior) Katya Kazakina/Bloomberg a través de Getty Images; pág.21 Barbara Morgan/Getty Images; pág.22 FashionStock/Shutterstock; pág.24 Bettmann/Getty Images; pág.25 Soeren Stache Deutsche Presse-Agentur/Newscom; pág.26 Danny Lawson/PA Images a través de Getty Images; pág.27 Ed Lallo/Zuma Press/Newscom; todas las demás imágenes cortesía de iStock y/o Shutterstock.

Library of Congress Cataloging-in-Publication Data

Names: Wallace, Elise, author. | Smithsonian Institution.
Title: Salvar la cultura en una catastrofe / Elise Wallace
Other titles: Saving culture from disaster. Spanish
Description: Huntington Beach, CA : Teacher Created Materials, 2020. | Includes index. | Audience: K to grade 3.
Identifiers: LCCN 2019035414 (print) | LCCN 2019035415 (ebook) | ISBN 9780743926928 (paperback) | ISBN 9780743927079 (ebook)
Subjects: LCSH: Disaster relief--Juvenile literature. | Cultural property--Protection--Juvenile literature. | Natural disasters--Juvenile literature.
Classification: LCC HV553 .W3518 2020 (print) | LCC HV553 (ebook) | DDC 363.34/8--dc23

Teacher Created Materials

5301 Oceanus Drive
Huntington Beach, CA 92649-1030
www.tcmpub.com

ISBN 978-0-7439-2692-8
© 2020 Teacher Created Materials, Inc.
Printed in Malaysia
Thumbprints.25941

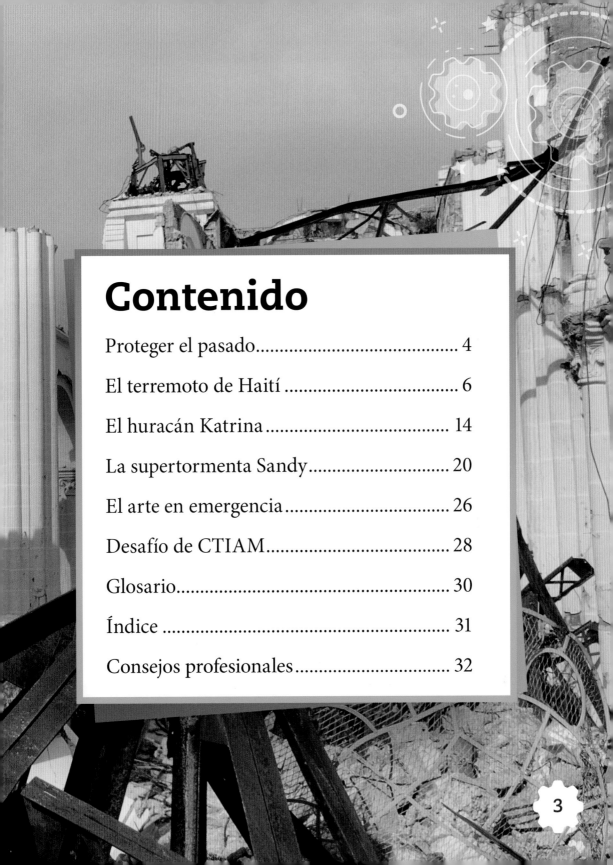

Contenido

Proteger el pasado

El pasado nos rodea. Está en el arte y en los edificios. También está en los carteles de las calles y en los objetos personales. La historia está en todos lados. Pero ¿qué sucede cuando se produce una catástrofe, como una inundación o un terremoto? La historia podría perderse. El agua podría llevársela. Por eso es clave proteger el pasado durante una **crisis**.

Hay personas, llamadas **restauradores**, que van a los lugares afectados por las catástrofes. Buscan los objetos que representan la **cultura** local. Pueden ser obras de arte, o también pueden ser partes de edificios u objetos de un museo que fue destruido.

Los restauradores son conscientes de la importancia del pasado. Saben que el pasado nos dice dónde estuvimos. Nos recuerda cuánto avanzamos. Nos dice cómo ha crecido y cambiado nuestra cultura.

Un restaurador sostiene una obra de arte rescatada de los escombros.

Un restaurador observa una escultura de hierro con un microscopio.

Restauradores trabajan para salvar una obra de arte después de un terremoto.

El terremoto de Haití

Los restauradores trabajan en lugares difíciles. Trabajan en sitios que han sufrido catástrofes graves. En 2010, Haití sufrió una pérdida enorme. Un terremoto fuerte sacudió el suelo y muchos edificios se cayeron.

Haití tiene una **población** numerosa. La mayoría de sus habitantes son pobres, y muchos no tienen trabajo. No estaban preparados para hacer frente a una catástrofe.

Más de 200,000 personas murieron en el terremoto. Muchas se quedaron sin hogar. Pero no solo se perdieron vidas y hogares. También se perdió cultura. Los museos, las bibliotecas y las iglesias quedaron en ruinas. En cada uno de esos lugares había libros y obras de arte. Gran parte de la cultura del país se perdió. Pero algunas cosas se salvaron. Los restauradores trabajaron mucho para encontrar y salvar objetos fundamentales de la cultura.

Casi la tercera parte de la población de Haití se vio afectada por el terremoto.

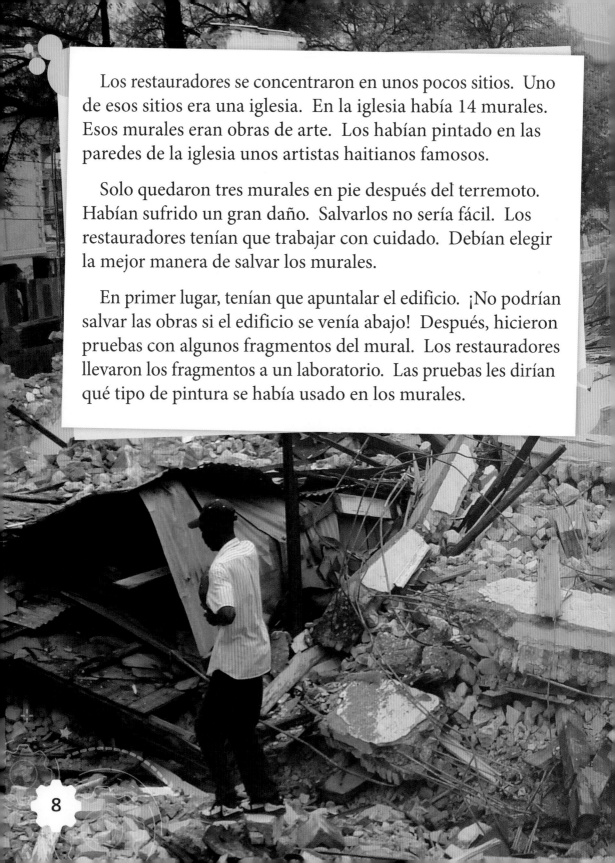

Los restauradores se concentraron en unos pocos sitios. Uno de esos sitios era una iglesia. En la iglesia había 14 murales. Esos murales eran obras de arte. Los habían pintado en las paredes de la iglesia unos artistas haitianos famosos.

Solo quedaron tres murales en pie después del terremoto. Habían sufrido un gran daño. Salvarlos no sería fácil. Los restauradores tenían que trabajar con cuidado. Debían elegir la mejor manera de salvar los murales.

En primer lugar, tenían que apuntalar el edificio. ¡No podrían salvar las obras si el edificio se venía abajo! Después, hicieron pruebas con algunos fragmentos del mural. Los restauradores llevaron los fragmentos a un laboratorio. Las pruebas les dirían qué tipo de pintura se había usado en los murales.

Crear el sostén

Los **ingenieros estructurales** llegaron a la iglesia antes de que se realizara cualquier tipo de tareas. Su trabajo era garantizar que el edificio fuera seguro. Vieron algunos problemas. Había grietas largas en las paredes de la iglesia. El cemento que las mantenía en pie se estaba cayendo a pedazos. Los ingenieros decidieron que había que colocar andamios. Los andamios se montan con tablas de madera y postes de metal. Sostienen los edificios para que los obreros puedan trabajar sin que los muros se caigan.

Los resultados de las pruebas indicaron que los murales se habían pintado con témpera. La témpera es un tipo de pintura que los artistas usan desde hace mucho tiempo. Era la pintura que se usaba para pintar murales en las tumbas antiguas.

La témpera de los murales era **frágil**. Si las obras no se trataban con cuidado, se romperían. Los restauradores tenían un problema. Debían retirar los murales y ponerlos a salvo, pero tenían que hacerlo sin dañarlos.

Una opción era desprender la pintura del muro. Pero eso no funcionaría. La obra se destruiría. Los restauradores decidieron retirar los muros completos. Esta solución permitió mover cada mural de forma segura.

En la antigüedad, la témpera se hacía con yema de huevo y polvos de colores. Hoy en día, la mayoría de las témperas se hacen con materiales artificiales.

Algunos murales estaban rajados y hubo que retirarlos parte por parte.

Un hombre calca un mural.

11

Pero faltaban algunos pasos antes de retirar los murales. Había que rociar las pinturas con un fijador. Eso ayudó a que la pintura se quedara pegada a la piedra. Así, se redujo la posibilidad de que los murales se deshicieran.

Los trabajadores hicieron pruebas para saber qué tipo de fijador funcionaría mejor. Buscaban una sustancia que mantuviera los murales estables, pero no querían usar algo que pudiera dañar las obras de arte.

Finalmente hallaron un buen fijador. Sin embargo, faltaban algunas medidas para proteger los murales. Se construyeron estructuras de madera llamadas entramados. Los entramados sostenían las obras mientras los trabajadores martillaban la piedra. Por último, retiraron los murales, parte por parte.

Después, retiraron el fijador y el entramado. Los murales que había debajo ya podían verse. Más adelante, los restauradores volverán a ensamblar los murales. Luego, los colocarán nuevamente en la iglesia una vez que haya sido reconstruida.

Un artista busca colores que coincidan con los de uno de los murales que está en reparación.

Los restauradores ponen fragmentos de un mural sobre una mesa para estudiarlos.

Crear un futuro estable

Los edificios en Haití son frágiles. Algunas personas dicen que no hay dinero suficiente para crear estructuras estables. Pero hay opciones baratas para mejorar los edificios. Las paredes se pueden reforzar, o fortalecer, con materiales como paja y arena. Los albañiles usan redes para fijar los fardos de paja y luego los envuelven en capas de yeso.

El huracán Katrina

En 2005, el **huracán** Katrina pasó por la costa del Golfo de Estados Unidos. Muchos perdieron su hogar, y edificios y pueblos enteros quedaron en ruinas.

El huracán comenzó como una tormenta tropical, pero a medida que aumentaba la velocidad del viento, la tormenta se hacía más intensa. En pocos días, se formó un huracán.

La ciudad que más sufrió fue Nueva Orleans, en Luisiana. Quedó cubierta de agua. Se inundaron calles, carros y casas. Muchas personas quedaron sin hogar. Pero el peligro no terminó una vez que pasó la tormenta. La gente no tenía comida ni agua. Más de 1,800 personas murieron debido a la tormenta.

Escala de la intensidad del viento de los huracanes

Categoría	Daños
Categoría 1 — vientos de 119 a 153 km/h	daños mínimos a casas móviles no fijas, vegetación y carteles
Categoría 2 — vientos de 154 a 177 km/h	daños moderados a casas móviles, tejados y barcos pequeños; algunas inundaciones
Categoría 3 — vientos de 178 a 208 km/h	daños considerables a edificios pequeños y caminos bajos; más inundaciones
Categoría 4 — vientos de 209 a 251 km/h	daños extremos a tejados, caminos y barcos; hogares inundados y casas móviles destruidas
Categoría 5 — vientos de 252 km/h o más	daños extremos a tejados y caminos; hogares inundados y casas móviles destruidas; formación de tornados

Fuente: nhc.noaa.gov/aboutsshws.php

marca del nivel del agua
después de una inundación

MATEMÁTICAS

Leer el agua

Las inundaciones dejan huella incluso una vez que se han ido. A esas huellas se las llama *marcas del nivel del agua*. Al observarlas, los expertos aprenden sobre las inundaciones. Pueden medir las marcas para "leerlas". Cuando una marca es gruesa, significa que la inundación se mantuvo en el mismo nivel durante mucho tiempo. Si la marca es delgada, significa que la inundación se mantuvo en ese nivel poco tiempo.

Cuando los expertos llegaron a Nueva Orleans, tenían una **misión**: querían salvar los objetos dañados. Esos objetos ayudarían a contar la historia de la tormenta. Los expertos no estaban allí para restaurarlos, sino que querían **documentar** el daño. Es algo que puede sonar extraño. ¿Por qué querría un restaurador guardar objetos dañados? La tormenta es una parte clave del pasado de Nueva Orleans, y es importante que en el futuro las personas sepan cómo fue la tormenta.

Los expertos recolectaron muchos objetos que se habían dañado en la inundación. Algunos objetos tenían que ver con la música. La ciudad es famosa por sus lazos fuertes con la música. Se conoce como la ciudad del *jazz*. Se recuperaron discos antiguos, partituras y fotos de músicos famosos.

daños causados por Katrina

instrumentos dañados por Katrina

Parte del daño que produjo Katrina se podría haber evitado. Hay formas de mantener los edificios seguros durante las inundaciones. Algunas son soluciones temporarias. Otras son proyectos grandes que cuestan mucho dinero.

Una solución temporaria son los tejados **resistentes** al viento. Esos tejados pueden hacer frente a los vientos fuertes de una gran tormenta. Otra solución temporaria son las bolsas de arena. Las bolsas de arena pueden mantener el agua poco profunda fuera de las casas. Evitan que el agua entre en los edificios.

Desde Katrina, los ingenieros se han esforzado por hacer de Nueva Orleans una ciudad a prueba de inundaciones. Han creado estructuras enormes llamadas diques. Los diques están diseñados para bloquear el agua durante las inundaciones. Eso ayuda a que la ciudad se recupere más rápido. También disminuye los daños.

Este dique contiene la crecida.

Esta casa se fabricó con contenedores.

Esta casa flotante tiene un techo resistente al viento.

ARTE

Evitar el daño con estilo

Hay muchas maneras de prevenir los daños que causa una inundación. Algunas personas construyen casas que no dejan pasar el agua. Las montan sobre pilotes. Otros construyen casas que flotan. Algunas casas flotantes son obras de arte moderno. Tienen diseños fantásticos y muy atractivos. Otras casas son más sencillas. Están hechas con contenedores viejos.

La supertormenta Sandy

La ciudad de Nueva York es conocida por sus luces brillantes. Se le llama "la ciudad que nunca duerme". Pero muchas de esas luces se apagaron cuando se desató una tormenta gigante en 2012. Millones de personas se quedaron sin electricidad durante muchos días. Se inundaron casas y edificios. Muchas personas murieron a causa de la tormenta.

La supertormenta Sandy causó daños graves. La ciudad de Nueva York es famosa por su arte. Muchos museos pequeños perdieron obras debido a las inundaciones.

Otros lugares también fueron afectados. Uno de los estudios de danza más antiguos del país quedó destruido por la tormenta. Algunos de los mejores bailarines del mundo bailaron junto a la compañía de danza de Martha Graham. El estudio tenía un gran **archivo** de trajes. También tenía escenografías de distintos espectáculos. Algunos objetos tenían casi cien años de antigüedad.

Muchos artistas y museos perdieron obras de arte en las inundaciones que causó Sandy.

Martha Graham, que nació en 1894, fue una gran bailarina y profesora de danza.

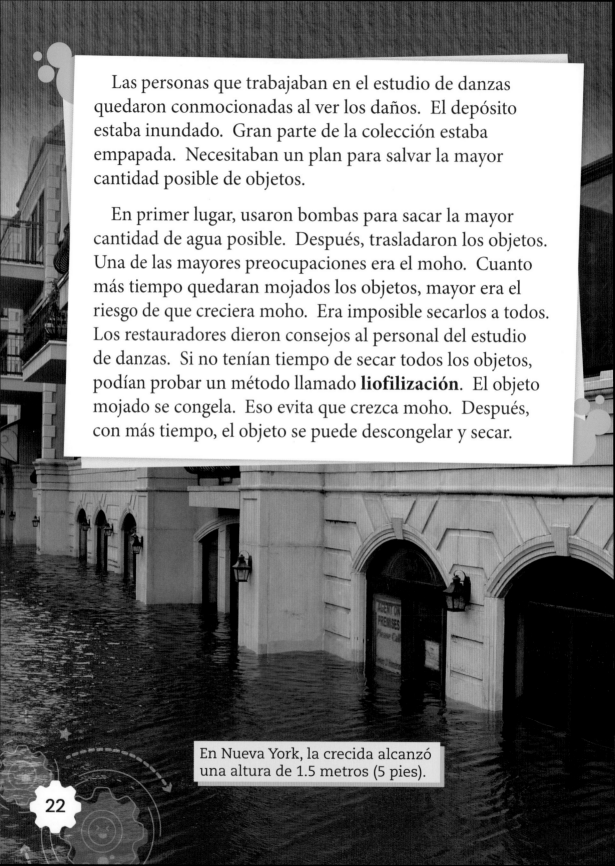

Las personas que trabajaban en el estudio de danzas quedaron conmocionadas al ver los daños. El depósito estaba inundado. Gran parte de la colección estaba empapada. Necesitaban un plan para salvar la mayor cantidad posible de objetos.

En primer lugar, usaron bombas para sacar la mayor cantidad de agua posible. Después, trasladaron los objetos. Una de las mayores preocupaciones era el moho. Cuanto más tiempo quedaran mojados los objetos, mayor era el riesgo de que creciera moho. Era imposible secarlos a todos. Los restauradores dieron consejos al personal del estudio de danzas. Si no tenían tiempo de secar todos los objetos, podían probar un método llamado **liofilización**. El objeto mojado se congela. Eso evita que crezca moho. Después, con más tiempo, el objeto se puede descongelar y secar.

En Nueva York, la crecida alcanzó una altura de 1.5 metros (5 pies).

El moho

El moho no es una planta ni un animal. Es un tipo de hongo. Puede crecer casi en cualquier lado. Pero crece mucho más rápido en lugares cálidos, húmedos y oscuros. Hay miles de tipos de moho. Algunos son beneficiosos. Se usan como medicamentos. Otros son dañinos. Pueden causar sarpullido, problemas respiratorios e infecciones en los pulmones.

Muchos objetos finalmente se perdieron. No fue posible salvar miles de trajes. Muchas escenografías quedaron arruinadas. Los objetos que el estudio perdió valían millones de dólares.

Pero había cosas que la tormenta no pudo destruir. En el estudio se habían creado coreografías. Algunas eran antiguas. Representaban la historia del estudio y de la danza en su conjunto. ¡Ninguna tormenta podría dañar esas coreografías! Estaban a salvo en el corazón y en la mente de los bailarines que las conocían.

Martha Graham con sus estudiantes de danza

La Escuela de Martha Graham de la ciudad de Nueva York es la escuela de danzas más antigua de Estados Unidos.

El arte en emergencia

Los restauradores hacen un trabajo importante. ¡Salvan la cultura! Reparan los objetos dañados. Ayudan a preservar el pasado. Se perdería muchísimo sin ellos.

Algunos restauradores son rescatistas. Apenas los llaman, pasan enseguida a la acción. Van al lugar de los hechos tan pronto como pueden. Los restauradores son los primeros en responder cuando hay una crisis artística o cultural.

Este trabajo especial nació de la necesidad. Los expertos se dieron cuenta de todo lo que podía perderse en unas pocas horas después de una catástrofe. Entendieron que, ante una crisis, necesitaban un equipo que estuviera listo para ayudar. Este equipo está formado por restauradores de todo el mundo. ¡Son los superhéroes de la cultura!

Una restauradora recupera una pintura.

Esta mujer guarda un objeto artístico en una caja.

Los estudiantes universitarios pueden ayudar a restaurar los objetos culturales. Pueden desarrollar sus habilidades haciendo pasantías.

DESAFÍO DE CTIAM

Define el problema

Se acerca una gran tormenta. Se cree que habrá inundaciones. El director de un museo de arte te pide que protejas una fotografía antigua. Tu tarea es diseñar una manera de proteger una fotografía pequeña del daño que podría causarle una inundación.

 Limitaciones: Puedes usar cuatro materiales distintos para construir algo que proteja la fotografía.

 Criterios: El dispositivo que diseñes debe mantener la foto seca durante 30 segundos al sumergirla en agua.

Investiga y piensa ideas

¿Cómo podría una inundación dañar una fotografía?
¿Qué hacen los restauradores para evitar que el agua
dañe los objetos? ¿Qué tipos de materiales usan?

Diseña y construye

Bosqueja tu diseño. ¿Qué propósito cumple cada parte?
¿Cuáles son los materiales que mejor funcionarán?
Construye el modelo. Coloca una foto en el modelo
para probarlo. Si no tienes ninguna foto, usa un dibujo
en papel.

Prueba y mejora

Coloca en un recipiente vacío la foto con la protección
que diseñaste. Llena el recipiente con agua. Una
vez lleno, deja la foto allí 30 segundos. Retira la foto
y obsérvala. ¿Funcionó tu diseño? ¿Cómo puedes
mejorarlo? Modifica tu diseño y vuelve a intentarlo.

Reflexiona y comparte

¿Podrías proteger la foto con menos materiales? ¿Qué
materiales funcionarían mejor? ¿Cómo modificarías tu
plan si la obra fuera más grande?

Glosario

archivo: un lugar donde se guardan documentos públicos o materiales históricos

crisis: una situación difícil o peligrosa

cultura: las creencias, las costumbres y el arte de un lugar o sociedad en particular

documentar: crear un registro de algo

ensamblar: unir

entramados: estructuras formadas por barras de madera o de metal entrecruzadas

fijador: una sustancia que mantiene las cosas en su lugar o hace que queden pegadas entre sí

frágil: que se rompe o se daña fácilmente

huracán: una tormenta intensa con vientos y lluvias muy fuertes

ingenieros estructurales: personas que trabajan en el diseño y la construcción de estructuras como puentes, edificios y represas

liofilización: un proceso en el que se congela algo para quitarle la humedad

misión: una tarea que es muy importante

población: un grupo de individuos de la misma especie que viven en el mismo lugar al mismo tiempo

resistentes: que no se perjudican ni se dañan

restauradores: personas que cuidan y reparan objetos culturales

Índice

CONSEJOS PROFESIONALES
del Smithsonian

¿Quieres ayudar a preservar la cultura?
Estos son algunos consejos para empezar.

"Para proteger el patrimonio cultural, se trabaja con expertos en diferentes áreas. Como arqueóloga, trabajo con conservacionistas, botánicos y otros científicos. Juntos, conservamos y protegemos obras de arte, documentos, edificios y mucho más". —**Dra. Katharyn Hanson, arqueóloga**

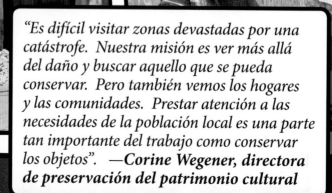

"Es difícil visitar zonas devastadas por una catástrofe. Nuestra misión es ver más allá del daño y buscar aquello que se pueda conservar. Pero también vemos los hogares y las comunidades. Prestar atención a las necesidades de la población local es una parte tan importante del trabajo como conservar los objetos". —**Corine Wegener, directora de preservación del patrimonio cultural**